「好き」を「仕事」にして、望み通りに「生きる」には?

BELIEVE YOUR "TORIHADA"

自分の感覚を信じないで、何を信じるんだよ。

人生の決断は、頭ではなく、ハートで。

STARTING OVER

生まれ変わるなら、生きてるうちに。

違うと思ったら、ゼロスタート！

覚悟を決めて、
宣言しちゃえ。

BACK TO ROOTS

裸になって、自分に帰ろう。

いらない服を脱げ。
常に、ヌードで。

マゾであれ。成長フェチであれ。

ちっちゃなことで、クヨクヨすんな。人生トータルで勝負。

REAL VOICE
遊びを仕事にする達人からのメッセージ

1

「自分の夢はこれです。だからこうします」
って、言わなきゃいけない、
言わないと動けない、みたいな。
それを探すんだよね、みんなね。
でも、そうじゃないと思うの。

油井昌由樹
(夕陽評論家・俳優・演出家)

REAL VOICE
＊＊＊＊＊＊＊
遊びを仕事にする達人からのメッセージ

2

せっかく一回しか生きないんだから、
本当に自分のやりたいこと。
それを、まず、一番、真ん中に掲げて、
生きるべきだと思うね。

ロバート・ハリス
〔作家・旅人・ラジオDJ〕

REAL VOICE
★★★★★★★
遊びを仕事にする達人からのメッセージ

何歳であろうと、
自分を表現する方法に出逢えれば、
過去の経験のすべてが、肥やしになる。
無駄なことなんて、ひとつもないんだよね。

小林崇
(ツリーハウスクリエイター)

REAL VOICE
* * * * * * *
遊びを仕事にする達人からのメッセージ

ゆっくり、着実に、小さなままで。
そうすれば、きっと、すべてを楽しめる。

いつまでも、この気持ちを忘れずに、
やっていきたいと思ってます。

Go Slow, Go Steady and Stay Small.
Then You Can Have All the Fun!

マサ安藤
(アラスカアドベンチャーのスペシャリスト)

REAL VOICE
・・・・・・・
遊びを仕事にする達人からのメッセージ

省けるものを、すべて省いていって、
自分がシンプルになったときに残ったもの。
それが、僕の道になっていったんだと思う。

若旦那
（ミュージシャン・俳優）

REAL VOICE
＊＊＊＊＊＊＊
遊びを仕事にする達人からのメッセージ

本当に好きなことに対してなら、
生まれ持っての才能とか関係なく、
誰でも天才になれる。
そう信じてますね。

EXILE ÜSA
（パフォーマー）

REAL VOICE
＊＊＊＊＊＊＊
遊びを仕事にする達人からのメッセージ

7

盛り上がっている気持ちだけで、
突っ走っちゃう。
それが重要なの。
なにかひらめいたときには、
もう、すべて、それは、できることなの。

森永博志
（編集者・作家・藍染め職人）

REAL VOICE
★★★★★★★
遊びを仕事にする達人からのメッセージ

Prologue

この本は、世間一般のつまらない常識や夢のない空気なんて吹っ飛ばして、自分の心に溢れてくる、好き！ 楽しい！ 気持ちいい！ かっこいい！ やばい！ サイコー！ みたいな気持ちに正直に、やりたいことをやりながら、かっこよく生きていきたい！ という人へ贈る本だ。

世の中はそんなに甘くない、とかなんとか、面倒なことを言う人もいるけど、実際に、自分の好きなこと、楽しい遊びを仕事にして、ハッピーに生きている人たちは、そこら中にいっぱいいるし、たいして、特別なことじゃない。

コツさえわかれば、自分の好きなことを仕事にして生きることは、誰でも、絶対に出来る。心配ない。

この本では、まず、リアルな実例を知ろう、ってことで、実際に、遊びを仕事にしながら、楽しく生きている7人のライフストーリーと言葉を紹介する。

そして、遊びを仕事にするために大切なことを、
7ヶ条として、シンプルに、まとめてある。

新しい出逢いと、自由な空気を。

ぜひ、リラックスして、楽しんでみて欲しい。

高橋歩

CONTENTS
★ ★ ★ ★ ★ ★

Prologue..p27

REAL VOICE......................p33
遊びを仕事にする達人たちのメッセージ

Player:1 油井昌由樹（夕陽評論家・俳優・演出家）

Player:2 ロバート・ハリス（作家・旅人・ラジオDJ）

Player:3 小林崇（ツリーハウスクリエイター）

Player:4 マサ安藤（アラスカアドベンチャーのスペシャリスト）

Player:5 若旦那（ミュージシャン・俳優）

Player:6 EXILE ÜSA（パフォーマー）

Player:7 森永博志（編集者・作家・藍染め職人）

SEVEN SOULS............p207
遊びを仕事にするための7ヶ条

第1条 "人生の決断は、頭ではなく、ハートで"

第2条 "違うと思ったら、ゼロスタート！"

第3条 "覚悟を決めて、宣言しちゃえ！"

第4条 "いらない服を脱げ。常に、ヌードで"

第5条 "マゾであれ。成長フェチであれ"

第6条 "人生トータルで勝負"

第7条 "目の前の人へ。最強のLOVEを"

Epilogue..p227

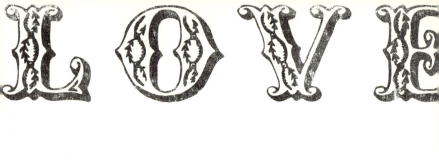

LOVE

JOB

AYUMU TAKAHASHI
PRESENTED BY A WORKS

LIFE

★ ★ ★ ★ ★ ★ ★ ★

WORK

大人がマジで遊べば、それが仕事になる。

編著：高橋歩

REAL VOICE
★ ★ ★ ★ ★ ★ ★
遊びを仕事にする達人からのメッセージ

REAL VOICE
SEVEN PLAYERS

オレは、今まで生きてきた中で、本当に多くの先輩や仲間たちに、刺激やヒントをもらってきた。

今回は、自分の好きなことに正直に、楽しく生きている男たち・・・そんな、遊びを仕事にする達人たち7人に、あらためて、ゆっくりと話を聞いて、いくつかの言葉&ライフストーリーを紹介させてもらった。

独自の色で放たれる、かなり強烈で、ちょっぴりお茶目なメッセージの数々。

常識をぶち壊す、自由な風に吹かれてみよう。

Player: 1
Masayuki Yui 油井昌由樹
（夕陽評論家・俳優・演出家）

Player: 2
Robert Haris ロバート・ハリス
（作家・旅人・ラジオDJ）

Player: 3
Takashi Kobayashi 小林崇
（ツリーハウスクリエイター）

Player: 4
Masa Andou マサ安藤
（アラスカアドベンチャーのスペシャリスト）

Player: 5
WAKADANNA 若旦那
（ミュージシャン・俳優）

Player: 6
EXILE ÜSA エグザイル・ウサ
（パフォーマー）

Player: 7
Hiroshi Morinaga 森永博志
（編集者・作家・藍染め職人）

油井昌由樹

夕陽評論家・俳優・演出家

MASAYUKI YUI

REAL VOICE
PLAYER

1

REAL VOICE

Player
1
油井昌由樹
Masayuki Yui

夕陽評論家・俳優・演出家

PLAYERS

Life Story of
Masayuki Yui

1947年生まれ。
大学卒業後、世界一周旅行に出かけ、
欧米のライフスタイル、アウトドアスタイルに影響を受け、
1972年にセレクトショップ「スポーツトレイン」を港区西麻布にオープン。
「アウトドア」という概念を、日本に初めて紹介した人物。

★

同時に、「夕陽評論家」としても活躍。
「三度の飯より、奥さんよりも夕陽が好き」といって、
世界中の夕陽を巡り、写真を撮り、想いを文章にしているうちに、
雑誌などで紹介されるようになる。
遂には、国際的な影響力を持つ経済新聞
『ウォールストリートジャーナル』の一面に、
「夕陽評論家」として紹介されるまでに。

★

その後、雑誌「スキーライフ」の編集に携わったのを皮切りに、
「ポパイ」「ビーパル」をはじめとする数々の雑誌の立ち上げに参加。

★

1979年に黒澤明監督の「影武者」の一般公募に応募し、
15000人の中から、「徳川家康」役に選ばれる。
その後は、黒澤映画の常連俳優になり、公私共に、
親密な付き合いを続けた。

★

現在も、肩書き不要のボヘミアンとして、
大学講師、TV・CMのナレーション、雑誌や映像の制作、ショップ経営、
障害者教育など、ジャンルにとらわれず、楽しい仕事を継続中。

■REAL VOICE: 1 / Masayuki Yui

人生を決めるのは、出逢いなんだよ。

すべての人でも、物でも、
みんな、内側に、独自の宇宙が広がってる。

誰かと出逢うと、何かと出逢うと、
相手の持っている、全く知らなかった宇宙が、オレに入ってくるんだよ。
そうすると、その途端にオレの宇宙が2倍になるっていうことだよね。
すげぇことじゃん、それって。

人生は、シンプルに、出逢い。
出逢いで決まるんだよ。

みんな、覚悟しろよな。
オレたち、今、知り合っちゃったから、
一回、自転車に乗れるようになってしまったら、
乗れなくならないように、
もう一生、知り合いじゃなくならないんだぜ。

だから、覚悟を決めて人に逢う。
覚悟を決めて物を持つ。
それをずっと、ただ続けりゃいいんだよ。

■REAL VOICE: 1 / Masayuki Yui

オレも、70年近く、ずっと生きてきたけど。
楽しく生きていくために大切なことがあるとすれば、それは、初めて逢った人を、自分が先に好きになること。それだな、やっぱり。

オレが、先に、「君は、○○○だから好きだよ」ってなったら、相手も、なかなか、オレを嫌いになれないでしょ。

相手より先に、好きなところを発見して、ざまあみろ、このやろう、先に好きになっちゃったぜ、っていうことを、相手に伝えちゃうんだよ。

あらゆる人に、必ず、必ずや、
うわっ、すげぇ！っていうところがある。
全員に、絶対ある。

だから、悪人なんていないよ。少なくともオレの
前では。
評判はどうあれ、相手のいいところを見つければ
こっちのもの。
自分次第、オレ次第なんだよ。

これは、生きていくうえでの極意っていうか、
もう1000パーセント間違いないから。
もし、違ったら舌を切ってもいいし、何でもしちゃ
うよ、っていうぐらい、間違いないから。

■ REAL VOICE: 1 / Masayuki Yui

この頃、高校とか大学とかで、呼ばれてしゃべるんだけどさ。

みんなが将来を考えるときに、確かに就職っていうのがメインストリームだろうけども、一度も就職せずに、こうやって楽しく生きる生き方もあるんだよってことは、知っておいたほうがいい。

結果として、何を選んでも自由だけど、
「こんな生き方もありなのか」っていうのは、
なるべく、いっぱい知っておいた方がいい。
そのほうが、人生は、面白いよ。

なんか、明確に、
「自分の夢はこれです。だからこうします」って、
言わなきゃいけない、言わないと動けない、みたいな。それを探すんだよね、みんなね。

でも、そうじゃないと思うの。

なんだか分かんないけど、
うまく説明できないけど、
なんか、これ楽しそう、っていうくらいで、
フィーリングオンリーで、動き始めればいい。

■REAL VOICE: 1 / Masayuki Yui

人生って、面白いもんでさ。

何かに興味を持って、あれこれと動き回っているうちに、最初の興味とは、まったく違う、すっごいものに出逢ったりするんだよ。

だから、グチャグチャ考えてないで、
要は、動いて、動いて、出逢いまくること。

面白いな、って感じるセンサーだけをたよりにさ。

思い出せよ。
オレたちは、野生動物なんだぜ。
自分の勘に頼って、好きに生きてきゃいいんだよ。

オレたちはどこ行ってもいいし、
何したって、いいに決まってんじゃん。
なんで、誰かが決めた通りにしなきゃいけないの、
みたいなね。

自分で、自分をオリに入れちゃってるヤツには、
早く出てきなよって、伝えてあげてよ。

■REAL VOICE: 1 / Masayuki Yui

オレたち生物はさ、原始時代から、もっと言えば、微生物の時代から、変わんないんだよ。

こっち行くと、やばいぞ。
こっちは、おいしそうなものがあるぞ。

生き抜くためのセンサーは、そのふたつしかない。

逃げるか、欲しいか。
それだけ。

オレ、ゼロ。
今日までマーケティングしたことない。
世の中がどうなってるかなんて、関係ない。

今、これが面白いと思ったら、
こういうの作りたいと思ったら、
まずは、それを分解して、中身を見てみる。

あとは、マネでもなんでもいいから、
とにかく、作るんだよ。
誰かと組んでもいいし、ひとりでもいいし。
いいからやるの。手を動かすの。

■REAL VOICE: 1 / Masayuki Yui

問題が起きたとする。
とんでもないことが起きました。
だけど、そのとんでもないことにも、
結局、まっすぐ向きあうしかないんだよ。

ちゃんと見る。
嫌だっていうものこそ、一生懸命、見てみる。

そうすると、オバケだと思ってたものが、なんだ、
柳の葉っぱだったのか、なんてことばっかりでさ。

オレも人生いろいろあったけど、
ほとんどの問題は、そんなもんだったよ。

過去の記憶って、面白いよね。
たどり方によって、毎回、内容が変わるの。
要するに、思い出す自分の歴史は、
その都度、違うんだよね。

生きてりゃ、いろいろあるし、
周りにも、いろいろ言われるけどさ。
事実っていうのは、事実にすぎなくて、
それを、自分がどう感じるか、自分の中でどういうふうに評価するかが、すべてでしょ。

自分の歩いてきた過去がどうだったかなんて、
とらえ方ひとつで、簡単にひっくり返るんだよ。

だから、後悔なんてしている暇があったら、
一歩でも、前に歩き出そうぜ、って思うね。

■REAL VOICE: 1 / Masayuki Yui

昔、特殊な熱気球に乗って撮影したんだけどさ。
もう、通常の何倍か、とんでもない高さにまで上がって、地平線がグルリンチョで。まるで宇宙な感じで、頼れるものがなくて、気持ち悪いんだ。
とにかく、気球に乗っている間は、風と一緒になってるから、風というものを感じないんだよ。
風の塊と一緒に動いてっからさ。

野蛮で、身をさらしていて、守られていない感覚。
何かあったら、「はい、サヨナラ」な状態。
あの生身な感じは、地球で遊ぶ極みなんじゃないかな。

最近、面白い本に出逢ってさ。
男の子の心臓を、病気の女の子に移植したら、
一緒に記憶まで転移しちゃったっていう話で。
もちろん、女の子は、誰の心臓をもらったのかも
知らないのに、男の子の名前、家族のことや恋人
のことまで、全部、詳しく、話し出したらしくて。
それを読んで、オレは確信したよ。

人間の心ってさ、頭や脳にあるんじゃない。
ハート＝心臓にあるんだよ。

日本人は、昔から、「腑に落ちる」「肚に一物ある」って言葉があるように、心＝内蔵っていう感覚で生きてきたわけだしね。

■REAL VOICE: 1 / Masayuki Yui

いったい、なんのために生きるのかって思うと、
誰かのためだよ、人のため。
人のために生きるだけ。
そう。それさえやれば、いいわけ。

ありがとうって言われたら、気持ちいいし、
もし、お礼を言われなくたって、少しは誰かの助けになったかな、よかったなって思えば、平和な気持ちになるじゃん。
そりゃ、カネは、あるときもないときもあるけど、
この時代、そう簡単に死にやしねぇよ。

そうやって生きてりゃ、
自由とか、幸せなんてものは、
すべて、勝手に、ついてくるんだって。

A's EYE

AYUMU'S EYE
BY AYUMU TAKAHASHI

★

MASAYUKI YUI

About
Masayuki Yui

油井さんと出逢って、もう10年以上になるけど、話をしていて、いつも、面白いなぁと思うのは、常に、話のネタが、あっちからこっちへと、飛びまくるんだよね。
例えば、1時間話したら、時間も、場所も、テーマも、それぞれ繋がりのない話題が、20も30も出てくるんだよ。
油井さんの頭の中にある、たくさんの源泉から、キラキラしたひらめきが、いくつもいくつも同時に溢れ出しているっていう感じでさ。

油井さんの脳みそってどうなっているんだろう?って興味を持って、そんなことを聞いてみたら、ひとこと。
「人間はさ、This Moment! この瞬間だけを生きればいいんだよ」って、さっそく、油井節、炸裂だったよ。

あと、一緒に過ごしていて、一番強く感じるのは、やっぱり、出逢った人へのLOVEかな。
年齢も、職業も、有名無名も、なにも関係なく、誰に出逢っても、「今、オレたちは出逢ったんだ。あなたと過ごす、この瞬間、この場所を、本気で楽しもうぜ」っていうエネルギーに満ち溢れていてさ。

だから、多くの人が、油井さんのこと好きになって、
「この人と一緒に、なにかしたい」って感じるんだと思う。
まさに、オレもそうだったしね。

出逢いを大切に、なんて使い古された言葉だけど、
やっぱり、奥が深いね。
「出逢いへの集中力」。
あらためて、自分も高めていこう、って思った。

■REAL VOICE : 1 / Masayuki Yui

INFO

油井昌由樹　Masayuki Yui

Official Profile

1947年生まれ。大学卒業後、世界一周旅行に出かけ、欧米のライフスタイル、アウトドアスタイルに影響を受け、1972年にセレクトショップ「スポーツトレイン」を港区西麻布（現在の場所）にオープン。「アウトドア」という概念を日本にはじめて紹介した。その後、「スキーライフ」の編集に携わったのを皮切りに、「ポパイ」（マガジンハウス）、「ビーパル」（小学館）をはじめとする数々の雑誌の立ち上げに参加。以後、独特の思考法で、数々の新規事業のプロデュースを行っている。
1979年に黒澤明監督の「影武者」の一般公募に応募（応募者数1万5000人）。「徳川家康」役を射止める。その後は、黒澤映画の常連に。「乱」（平山丹後）、「夢」（雪嵐）、「まあだだよ」（桐山）に出演。黒澤明監督の晩年の20年間、公私共の付き合いを続けた。
現在は、広告ならびに書籍・映像の企画・制作、イベントの企画・運営、服・小物・時計等の商品企画・開発、ロゴ等のデザインのプロデュース等を行っている。
TV・CMを始めナレーション歴40年。

Official Site

http://www.sunset.jp

Works

■サンセットの旅人—PHOTO & ESSAY（世界文化社）
■アウトドアショップ風まかせ（晶文社）
■夕陽評論家のライフデザイン・ノート（ティビーエス・ブリタニカ）

ロバート・ハリス 2

作家・旅人・ラジオDJ

ROBERT HARRIS

REAL VOICE

REAL VOICE

Player 2

ロバート・ハリス

Robert Harris

作家・旅人・ラジオDJ

PLAYERS

REAL VOICE
Player 2
LIFE STORY
ROBERT HARRIS
★
PLAYERS

Life Story of
Robert Harris

1948年、横浜生まれ。
高校時代から国内、海外をヒッチハイクで旅する。
大学卒業後、バリ島で1年を過ごしたのち、
オーストラリアに渡り、衝撃のセラピーを体験。
自身も、セラピストに。

★

いくつかの職を転々とした後、
シドニーで、書店兼画廊「エグザイルス」を経営。
世界的な著名アーティストを始め、
奇人変人・アウトローたちが集まるアジトとして、数々の伝説が生まれる。

★

気ままに旅を続けながら、
世界中の女性たちと、恋に落ちる。

★

日本に帰国後、92年よりJ-WAVEのナビゲーターに。
自身の旅の体験を元にした赤裸々なトークが話題を呼び、
ラジオ業界でも、一躍、人気者に。

★

現在は、主に、作家として活躍。
代表的な著書に、『エグザイルス』『ワイルドサイドを歩け』『黒く塗れ!』
『人生100のリスト』『アフォリズム』
『WOMEN ぼくが愛した女性たちの話』などがある。

旅、映画、女性、夢など、自身の趣味・興味の赴くままにテーマを設け、
ワークショップなども開催している。

■REAL VOICE: 2 / Robert Haris

高校の卒業式の次の日から、旅に出てさ。
船でロシアに入って、北欧まで行って。
世界地図を見ながら、旅先で出逢う旅人たちの
話を聞きながらさ、思ったんだよね。

大陸って、ずっと、つながってるわけだし、俺も、
このまま、行けるとこまで行っちゃおう、って。

それから、ずっと、半年ぐらい旅して、ヨーロッパ
縦断して、中東に行って、インドまで行って。
もう、ハマっちゃったの。本物のヒッピーばっかで。

俺、旅しながら、一生、生きていきたいな。
このとき、初めて、そう思ったね。

大学の途中、1969年に、アメリカに行ったの。
そしたら、着いた日に、映画やってたわけ。
それが、『イージー・ライダー』っていう映画で、
ちょうど、初日だったわけ。

行こう、行こうって、友達と一緒に映画館に入っ
たんだけど、俺、あまりにも感化されちゃって。
映画館から出てきた途端、靴を捨てて、近くの
ヒッピーショップに行って、サンダルとヘッドバンド
を買って。

もう、そっから、ずっと、ヒッピー。

■REAL VOICE: 2 / Robert Haris

俺、めちゃくちゃハッピーなヒッピーとして、
しばらくは、楽しい旅を続けていたのに、
なぜか、20代の頃、うつになった時期があって。

はっきりした原因はよくわかんないけど、
だんだん、人と会うのさえ、嫌になっちゃって。

2年半も、ずっと、うつのまま、自分を殺したまま、
ひとり旅をしたり、生活のために働いてたよ。

そしたら、ある日、「プライマル・スクリーム」って呼ばれる、不思議なセラピーに出逢ったわけ。

悲しくなったら、泣け。
怒りたくなったら、怒れ。
そういうのをためることがいけないんだ。

そう言われるがままにやってたら、
なんと、3週間で治っちゃったんだよね。
2年半も、ずーっと落ち込んでた自分の状態が。
すごいでしょ。

あまりにも素晴らしかったから、俺もセラピストになるしかない、って思って、さっそく、勉強してさ。
俺、セラピストになった。

■ REAL VOICE: 2 / Robert Haris

うつの状態を抜けて、元気になってからは、
旅してても、働いてても、
こんなことしたい、あんなことしたい、って、
夢のことばっかり話しているな。
いつも、夢のこと。

ひとつの道を究める職人もかっこいいけど、
俺は、いろんなことがやりたかったの。

だから、ある日、自分のやりたいことを100個、
ノートに書いてみたのね。
すっごく細かく、いろいろとさ。

そしたら、自分がどういう人生を歩んでいきたい
かっていうのが、なんか、見えてきたんだよね。

10個やりたいことは、サッと書けても、
100個書けって言われたら、けっこう、真剣に考えなきゃいけないんだよ。

自分しか見ないノートなんだから、人には言えないような欲望だっていいわけじゃん。
そうすると、自分の潜在意識とか、隠していた欲求とか、いろいろ出てきて、面白くてさ。

そういうの書いているうちに、
なんとなく、自分の輪郭が見えてきたんだよね。
自分の求めている進路みたいのがね。

みんなも、ぜひ、書いてみるといいよ。

■ REAL VOICE: 2 / Robert Haris

30歳になる頃、まさに、夢のひとつだった、ブックショップ＆画廊を、シドニーで、オープンしてさ。
「エグザイルス・ブックショップ」っていうんだけど、多くの流れ者が集まるシドニーは、エグザイルス（放浪者）という名にピッタリの場所でさ。

店内は、本を並べるだけじゃなくて、コーヒーテーブルやソファを置いて、アーティストが作品を展示できる画廊を作った。
売れていない作家から、売れている作家、詩人、ドラァグ・クィーン、アーティストまで、アウトローな連中が集まる溜まり場になった。

今まで、ずっと探し続けていた仲間たちに、出逢えた場所だったよ。

もちろん、ブックショップをやるのはすっごく楽しかったし、いろいろ伝説も残してきたけど。
やっぱり、ブックショップを始めて5年も経つと、なんか、ずっと同じ店内のカウンターにいるのに、飽きちゃったんだよね。

ヒッピーな作家たちがいつも遊びに来てたし、
作家は、みんな、自分の本の話ばっかりしててさ。
俺、まだ、本、出してないし、
やっぱり、俺も旅して、本書きたいなって思って。

それで、ブックショップをやめて、
また、旅に出たんだ。

■REAL VOICE: 2 / Robert Haris

こっちのほうが安全で金になるかもしんないけど、こっちは、すごく、面白そう。でも、危険。

それでも、絶対、面白いほうへ行っちゃうね。
迷うまでもなく。
目先の金がなくなったとしても、絶対、いつかそれがネタになるって、わかってるしね。

相変わらず、いつも、自分の欲望にもっと素直になりたいなって、思ってるよ。

ちょっと、キザかもしんないけど、
いろんな女性と付き合うのも、ひとつの旅だよね。

すべての女性の心の中にはさ、男が知らない世界観が、わーっと広がっているわけよ。
その人と恋に落ちるっていうのは、
その人の世界を旅することなんだよ。

俺は、いろんな女性の世界を旅してるから、
すっごい楽しいよね。

女性の部屋に、初めて入ったときの喜び。
まるで、探検隊みたいな気持ちになる。
わあ、みたいな。

■ REAL VOICE: 2 / Robert Haris

世界で通じる、女の子を口説くためのテクニック？
オッケー。ひとつだけ伝授しよう。

それはね、女性の話を、聞いてあげることだよ。
せっかく、好きな人とデートしてるわけだから、
デートで何を話すかなんて考えないで、彼女のこ
とを聞きゃいいんだよ。
女性の話を、いっぱい聞いてあげんの。

そのうちに、自分がそれに対して、話せる話題も
出てくるわけじゃん。
そんな素敵なキャッチボールを積み重ねていくう
ちに、互いに、恋に落ちていくんじゃないかな。

世界平和っていうのは、
やっぱり、人間と人間との付き合いだと思うね。

他国の人を、国としてじゃなく、人間として見るためには、個人的な付き合いっていうのが、すごい大事だと思うの。
もちろん、ばかもいるけど、すごくいい人もいっぱいいるし、そこで心が通じれば、それこそが、ひとつの平和なんだよね。

俺、アフガニスタンをブッシュが空爆したとき、
何十年も前に会ったアフガニスタンの人たちの顔が見えたもん。
俺にとってのアフガニスタンは、タリバンじゃなくて、そこで会った人間なんだよ。

■REAL VOICE: 2 / Robert Haris

そのためにも、旅をしたほうがいい。

旅に出て、日常の枠から、ちょっと逸脱して、
いろんな人と、いろんな話をするっていうのは、
世界平和のためにも、自分の人生のためにも、
すごく、いいエクササイズだと思うよ。

面白いことって、ハッピーな人に寄ってくるんだよ。
これも、ひとつの法則だね。

だから、難しい顔して、自分探しなんかしなくて
も、ただ、楽しくハッピーに生きていれば、
そのうち、自分は見えてくるよ。

■REAL VOICE: 2 / Robert Haris

みんな、もっともっと、クレイジーになっていい。
ちょっと、一回、試しに、なってみなよ。
今の若者は、すごく色々考えて、自主規制しちゃってる感じがする。
繊細だし、すごく優しくていいと思うんだけど、そこまで、周りを気にしなくていいと思う。
もう少し、バカやって、クレイジーになってごらん。

大丈夫だよ。
この俺が、今、こうやって生きてるんだから。

結局さ、やっぱり、
人生、楽しんだ者勝ちだと思うね。

せっかく一回しか生きないんだから、
本当に自分のやりたいこと。

それを、まず、一番、真ん中に掲げて、
生きるべきだと思うね。

About
Robert Haris

あらためて、じっくりと話を聞いて、思ったけど・・・
ハリスさん、やっぱ、エロい！
マジ、68歳とは想えないよね。

一緒に飲んでても、知らぬ間に、いつも、ハリスさんの両脇は女の子になってて、ハーレム状態でさ。
でも、さりげないから、イヤらしい感じはまったくなくて、
ホント、脱帽しちゃうよ。

オレが、初めて、ハリスさんを知ったのは、ずいぶん前にやっていた、「ウゴウゴルーガ」っていう朝の子供向けのテレビ番組でさ。

朝から、いきなり、サングラスしたダンディーなおじさんが出てきて、小学生くらいの子供たちに向けて、「おまえら、ドロップアウトしないと、人生を棒に振ることになるぜ！ スクールアウト！ 学校なんてサボっちまえ！」ってシャウトしてるんだよ。めちゃくちゃ痺れたね、あれは。

そういうクレイジーなハリスさんも大好きなんだけど。
いつも、ハリスさんが漂わせている、「オープンマインドで、みんなで楽しもうぜ」っていう、ピースフルな空気。
オレも、すごく、影響を受けているよ。

ラッキーなことに、今、ハリスさんは、日本をベースに活動しているし、本人と直接、いろいろ語れるワークショップ？ 雑談会？ みたいなことをやっているから、興味のある人は、ハリスワールドに触れてみると楽しいと思うよ。

■REAL VOICE:2 / Robert Haris

INFO

ロバート・ハリス　Robert Haris

Official Profile
横浜生まれ。高校時代から国内、海外をヒッチハイクで旅する。大学卒業後、東南アジアを放浪。バリ島で1年を過ごしたのち、オーストラリアに渡り、88年まで16年滞在。シドニーで書店兼画廊「エグザイルス」を経営する。また、映画、TVなどの製作スタッフとしても活躍。帰国後、92年よりJ-WAVEのナビゲーターに。現在、作家としても活躍。その独自の生き方や世界観が若者やアーティストから熱く支持されている。著書に『エグザイルス』『ワイルドサイドを歩け』『黒く塗れ!』『人生100のリスト』『アフォリズム』などがある。

Official Site
https://www.facebook.com/RobertHarrisExiles/

Works
■エグザイルス（講談社＋α文庫）
■人生100のリスト（講談社＋α文庫）
■アウトサイダーの幸福論 (集英社新書)

小林崇

ツリーハウスクリエイター

REAL VOICE
PLAYER
3

TAKASHI KOBAYASHI

REAL VOICE

Player
3
小林崇
Takashi Kobayashi

ツリーハウスクリエイター

PLAYERS

Life Story of
Takashi Kobayashi

1957年、静岡県生まれ。
大学卒業後、メディア関係の会社へ就職したが、
波長が合わず、すぐに退社。
20代は、リゾートバイトをしたり、フリーマーケットで生計を立てながら、
世界中を旅する生活を続ける。

★

20代の前半、六本木で名を馳せるも、様々な問題を抱え、海外に逃亡。
帰国後、リゾートバイトをしたり、
フリーマーケットで古着などを売りながら、世界中を旅する生活を送る。

★

世界各地を放浪する生活を続けていた30代前半、
ツリーハウスの世界に触れ、心を奪われる。
世界的権威ピーター・ネルソンとの出逢いを機に、
本格的に、ツリーハウスを作り始める。

★

世界中のツリーハウスビルダーや樹木医と交流しながら、
最先端の技術やデザイン、樹木学等を学び、
150棟を越えるツリーハウスを制作。
日本のツリーハウス第一人者となる。

★

現地の風土や人、素材を活かしたストーリー性を兼ね揃えた
ツリーハウスは、世界的な評価も高く、国内はもちろん、
海外でのプロジェクトも多数進行中。

★

その他、ショップやフェスの演出、オリジナルブランド「Treedom」の経営、
ファッションモデルなど、現在も、幅広く、活躍中。
また、後輩たちを育てる「ツリーハウスビルダースクール」も開講し、
これまでに120人以上の卒業生を輩出している。

高校生の頃は、なんか、ふてくされてたな。
自分は人と違う感ってのが、ずっと強くあって。
でも、その感じを、誰にもうまく説明できなくって。

制服も、学園祭も、修学旅行も、なにもかも。
みんな、先生に言われたら、なんとなくそのとおりにやるけど、その感覚は、自分はどうも違って。

周りがおかしいのか、自分がおかしいのかってのは、ずっと悩んでてさ。ぶっちゃけ、今もそうかな。
自分の人生は、一体どうすればいいんだろうって、ずっと思ってるよ。

なんとなく、大学を卒業して、就職して。

それなりに、憧れてた会社に入ったんだけど、
実際に働き出してみたら、自分が思ってるのと違うなって思っちゃったのね。
これじゃないよな、って。

就職してみて、本当にやりたいことと違ったけど、
先輩や親にもいろいろ言われるし、
スパッと、辞める勇気もなくて。
なんか、すっごく、モヤモヤしてたんだよね。

結局、ケンカして辞めることになったんだけど、
あの頃は、何やっても、本当に、もやもやして、
いらいらして、ふらふらしてたというか。

なんか、日本にいるのが辛くなっちゃって。
とりあえず、海外へ逃亡したんだよね。

俺の初めての本格的な海外旅行は、
楽しい旅でもなんでもなく。
せっぱつまって、海外に逃げただけ。
脱出。逃避。ハイダウェイ。エスケープ。

僕を、探さないで下さい。

■REAL VOICE: 3 / Takashi Kobayashi

フィリピンの島々を放浪して、ようやく、気持ちも落ち着いた頃、日本に戻ったんだけど。
なんか、全部、ゼロから、やり直したくて。

温泉とか海とかで、リゾートバイトを始めて。
髪の毛を七三にして、白いシャツ着て、蝶タイをして、「いらっしゃいませ」って言ってると、俺のこと誰も聞かないし、分からないし。

リゾートの季節が終わったら、貯まったお金を持って、海外を旅する。
いろんな所に行き、また戻ってきたら働いてっていうの、随分やったかな。6年、7年とか。
20代は、そんな感じだったね。

その後、かわいい女の子と出逢って、その子のアパートに、居候させてもらうようになって。
なんか仕事しなきゃってことで、フリーマーケットで、雑貨とか古着を売り始めて。
自分ひとりで、社会との接点をなるべく希薄にしてやりたかったから、フリーマーケットって、ちょうどよかったわけ。

でも、なんか、いろいろと軌道に乗ってきて、ルーティーンが決まってくると、面白くなくなっちゃって。
もう、俺じゃなくてもいいやこれは、って、やめて。

んで、俺は何がしたいんだっけ？って、
また戻るんだけど。

■REAL VOICE: 3 / Takashi Kobayashi

その頃かな。
ツリーハウスに興味を持つようになったのは。

あるお店の看板に描かれたツリーハウスに魅せられたのが最初だったかな。
その後、本を読んだりしながら、深めていって。

決め手は、アメリカ西部のオレゴンで出逢った、ツリーハウスの溢れるヒッピービレッジでの時間。
そこにいるだけで、なぜか、涙がばーっと出てきて、これかもしれないって。これなのかなって。

ツリーハウスに出逢うまで、大工や建築の経験も、植物に対する知識も、なにもなかったからさ。
すべて、30過ぎてから、ゼロから学んでいった感じだね。

でも、俺の場合、ツリーハウスを作る人になりたかったわけじゃなくて、ただ、ツリーハウスがあるような、おとぎ話の中のような生活感に憧れたんだよね。

生きづらいなと思ってるこの世界の中で、自分の居場所みたいなものを、木の上に見つけたのかもしれない。

■REAL VOICE: 3 / Takashi Kobayashi

20代、フラフラしていた頃、よく、いろんな人に、「そろそろ、ちゃんと働かないと、まずいよ」なんて、言われたけど。

今考えると、あの頃、放浪しながら見た風景、感じた希望や絶望、出逢った人たちの美しさや汚さ・・・
そういうものが、今の作品作りの原点になってる。

あの時間がなかったら、今、多くの人が、すげぇって言ってくれるようなツリーハウスは作れなかったと思うんだ。

自分のやりたい仕事に出逢うのは、
30歳すぎでも、全然遅くなかったと思うよ。

何歳であろうと、
自分を表現する方法に出逢えれば、
過去の経験のすべてが、肥やしになる。

そのとき、そのときは、辛いこともあるけど、
無駄なことなんて、ひとつもないんだよね。

■REAL VOICE: 3 / Takashi Kobayashi

地に足をつけたほうがいい。
よく、そう言うけど。

ツリーハウスっていうのは、
地に足がつかないからいいんだよ。

だからこそ、不安定だからこそ、
見える景色もあるし、
感じられる風もあるしね。

木っていうのは、もちろん、生きてて。
象よりも、クジラよりもでかい、
地球上で一番大きな生き物で。

その巨大な生き物の上にいる感じとか、生き物の
上で、遊ばせてもらってるっていうのかな。
そこが、なにより、興奮する。
他のなにより、自分にとっては、いいんだよね。

REAL VOICE: 3 / Takashi Kobayashi

パラレルワールドって言うのかな。
今も、きっと、世界には、実は、みんなが思ってる世界じゃない世界、目に見えてない、いろんな世界が、同時に存在しているんだよ。

SNSで入ってくるもの、テレビでやってることがすべてじゃないように、想像できないくらい、いろんな世界があって。

自分の人格の中にも、きっと、みんなも俺も、いろんなものが、ぐちゃぐちゃと混じり合ってて。
いつ、なにが開くか、誰にも分かんないんだよね。

自分は、若い頃から、ずっと、モヤモヤしてて、59歳になった今も、モヤモヤしてて。
生きている意味とか、人生の答えなんて、一生、わかんないんだと思うんだよね。
だから、そういうのって、無理に考える必要ないんじゃないかな。

それよりも、周りにはうまく説明できないけど、自分の中にある、これ面白いな、素敵だな、っていう気持ちを大切にして、誰もやってないような、自分でもびっくりしちゃうような作品を、創り続けていきたいな、って思うね。

■ REAL VOICE: 3 / Takashi Kobayashi

もちろん、父として、母としてだったり、仕事上での責任とか、いろいろ立場もあるだろうけどさ。

立場とかじゃない、生き物としての自分。
たまには、それを感じられたらいいなと思うね。

それこそ、旅に出てもいいだろうし、
大自然の中に、ゆっくりと、身を任せてみたり。

人間が作ったものじゃないものと戯れながら、
人間だけの世界から、少し離れて。

わずかでも、命とか、魂とか、目に見えないものを感じられたり、やわらかい平和な気持ちになれる時間があると、素敵だよね。

About
Takashi Kobayashi

コバさん(小林さん)は、オレの兄貴分のような人で、いまだに、憧れの先輩でさ。
コバさんの創るツリーハウスを見たり、そこに流れるストーリーやひらめきだったりを知ると、現実世界を飛び出した、すっごくキラキラした、ファンタジーのような世界に連れて行かれるんだよね。

逢って話しているときは、いつも、ポジティブでもなく、ネガティブでもなく、ナチュラルな柔らかい雰囲気なんだけど、創る作品は、かなりぶっ飛んだモノが多くてさ。
コバさんの世界観に触れるたびに、気持ちいい解放感があって、「やべ。オレ、小さくまとまってた!」ってことに気付かされてる。

あと、コバさんが面白いのは、この世の中、オレも含めて、「逃げずに頑張ろう」っていう人が多い中で、「俺は、ずっと逃げ続けてきてる。経営したカフェの名前も、ESCAPE(逃避)、HIDEAWAY(隠れ家)とか、そんなのばっかりだしね」って、サラッと笑っているところ。
なんか、禅的というか、葛飾北斎的というか、浮き世の仙人チックなところがあって、かっこいいんだよね。

コバさんの創ったツリーハウスは、WEBでもいろいろ見られるし、いくつかは、現場に行って、実物に触れることも出来るし、最近は、ツリーハウスビルダーの養成講座もやっているから、ぜひ、触れてみて欲しいね。

■REAL VOICE:3 / Takashi Kobayashi

INFO

小林崇　Takashi Kobayashi

Official Profile
世界各地を放浪する生活を続けていた30代中頃に、ツリーハウスの世界的権威ピーター・ネルソンに出会う。以来毎年オレゴン州で開催されるツリーハウスの国際イベント「WTC(World Treehouse Conference)」に日本から唯一参加するようになる。
世界中のツリーハウスビルダーや樹木医と交流しながら、最先端の技術やデザイン、樹木学等を学び、これまでに100棟を越えるツリーハウスを制作。
現地の風土や人、素材を活かしたストーリー性を兼ね揃えたツリーハウスは、世界的な評価も高く、国内はもちろん海外でのプロジェクトも多数進行中。
その他イベント空間の制作や、商空間の演出、オリジナルワークウェアブランド「Treedom」など幅広い展開をプロデュース。
2016年7月からはツリーハウスビルダースクールを開講し、既存の枠に囚われない自由で豊かな世界観を提案し続けている。

Official Site
http://www.treehouse.jp

Works
■TREEDOM（A-Works）
■ツリーハウスをつくる愉しみ（メディアファクトリー）

マサ安藤

アラスカアドベンチャーのスペシャリスト

REAL VOICE
POSTER

4

REAL VOICE

Player
4
マサ安藤
Masa Andou

アラスカアドベンチャーのスペシャリスト

PLAYERS

Life Story of
Masa Andou

1958年、愛知県生まれ。
大学卒業後、1年半、昼夜問わず働いて資金を貯め、憧れのアラスカへ。
現地の語学学校を経て、アラスカパシフィック大学大学院修士課程修了。

★

卒業後、アラスカの大手旅行会社に勤務した後、独立。
96年、アウトドアツアーを中心とした現地手配会社
「HAIしろくまツアーズ」を設立。
オリジナリティー溢れる秘境での遊びを提供しながら、
通訳、メディア取材のコーディネート、本の執筆やテレビ出演など、
幅広く活動中。

★

ツアーのお客さんとして日本から来た美女に惚れ、
速攻で、プロポーズ。そして、結婚。
信条は、「長距離恋愛は短期決戦」。

★

長年の旅行業界の経験とアラスカの幅広い知識で、
「アラスカの達人」と呼ばれるまでに。
その実績が認められ、2011年にはアラスカ州知事より州知事賞を受賞。

他に、剣道7段、居合道5段の腕前を持ち、
武道を通してアラスカ人に日本の心を紹介することを、
ライフワークとしている。

■REAL VOICE: 4 / Masa Andou

なんかね、とにかく、
人の行ってないところ、開発されてないところ、
そういう場所に魅力を感じたの。

もう、道ができているなら、
そこは行かなくてもいいじゃない。

誰も開拓していない険しい道を、
どれだけ楽しく歩くか。

今でも、それが、テーマだね。

大学卒業してから、とにかく1年半、死ぬ気で働いて、資金を貯めたんですね。
僕は、ある意味で、堅実な人なので、しばらく、ゆっくり出来るくらいは、貯めていきたいなと。

まず、病院の宿直をやりまして。毎日、泊まり込みなので、家賃も浮くし、朝と晩、病院食を食べてメシ代も無料だし。昼間は放送局でバイトして、夕方、家庭教師したりとかして、それで交通費は、放送局と病院からダブルでもらって・・・。

で、360万円ためて、60万で支度をして、300万持って、アラスカへ行ったわけです。

■REAL VOICE: 4 / Masa Andou

アラスカの最初の衝撃は、人間でしたね。
みんな優しかったのよ、ホントに。

やっぱり、極寒の土地っていうのは、ひとりじゃ
生きていけないので、必ず困っている人がいたら、
取りあえず立ち止まって、大丈夫?って聞くのね。
放っておいたら、すぐに死んじゃうわけだから、も
う、親切とか、そういうこと以前の問題だと思うな。
そういう本能的な助け合いの心みたいなものを、
アラスカの人たちに感じて、感動しちゃって。
これはもう、ここだな、って思ったんです。

自分も、すごく助けてもらったから、
それをやっぱり誰かに返さないと、って思ったし。

もちろん、アメリカ人の素敵な金髪のお姉さんに、ニコッとされて、「ハーイ」なんて言われて。
それから、いろいろと優しくされたりとか。
もうこっちは若いですから、それだけで、おもいっきり、のぼせ上がっちゃって。
アラスカ、サイコー！ 天国！ みたいな。
そういう動機も、多分にありましたね、正直なところ。

■REAL VOICE: 4 / Masa Andou

あの頃、アラスカって、とても、情報が少なくて。

大好きなアラスカで、まず、自分が、現地の人と交じり合って、おもいっきり遊びながら、飲み歩きながら、身体で情報を得ていって。
それを発信しながら、興味を持ってくれた人を、遊びに連れて行って、ガイド料をもらって。
まぁ、それを糧にして食っていければいいかな。

そういう会社があってもいいんじゃないかな、って思って、アラスカの大手旅行会社で経験を積ませてもらった後、30代の終わり頃、独立したんです。

安定っていう意味では、もちろん、
いろいろ思うこともあったけど。
金持ちになりたいと思ってたわけじゃないしね。

とにかく、アラスカに住んで、
自分の好きな遊びをいろいろやりながら、
楽しく生きていければ。

それが一番だったな、僕の場合。

■REAL VOICE: 4 / Masa Andou

今の嫁さんは、アラスカに来たとき、ガイドをしたのがきっかけで知り合って。

お互いに、日本とアラスカで、住んでいる場所も違ったので、数回、デートして、すぐに、相手の両親に挨拶に行って、結納して。

やっぱり、長距離恋愛は短期決戦です。
勢いです。はい。

アラスカの夏は、約3ヶ月間、暗くならない。
いわゆる、白夜で。

6月に、子どもに、「外が暗くなったら帰って来なさいよ〜」って言ったら、8月の末まで帰ってこない、みたいな。
まぁ、それは冗談としても、子どもが遊び終わるのが、だいたい、夜中の1時頃。
少年野球の試合も、1日3試合、トリプルヘッダーとか、下手すると、フォーヘッダーくらいの勢い。
夜10時過ぎても明るいし、みんな、普通にゴルフやってるし。

なんか、変な場所ですよね、やっぱ。

■REAL VOICE: 4 / Masa Andou

熊の中にも、サケを獲るのが、上手いやつと下手なやつが、ちゃんといまして。
人間の社会と同じで、面白いよね。

あと、熊が近くに来たときは、目を合わせてはいけないですね、絶対に。
人間同士は、あいさつするとき、こんにちは、なんて、目を見るでしょ。熊の場合は、見ちゃダメ。

あと、熊は緊張すると、生あくびをしますから、あくびしてる熊がいたら、静かに後ろに下がっていかないと、次の瞬間に、バン！ と来ます。

そんなことを、観察したり、研究したり。
そういうの面白くて、飽きないんですよね。

自分は、ここ、アラスカで、旅人ひとりひとりが、「自分のアラスカ」を持つためのお手伝いをさせていただいているんだと思います。

もちろん、最初にアラスカを知るのは、媒体を通しての「誰かのアラスカ」なんだけど、その後、自分自身がアラスカに来て、体験することで、「自分のアラスカ」が手に入るんですよ。

アラスカの魅力に触れて、極めたいと思った人は、2度、3度と通っているうちに、「自分のアラスカ」の奥行が増していって、より深く、楽しくなっていくし。

アラスカに限らず、ライフワークとして、ずっと通える場所を持つと、人生が豊かになりますよね。

■REAL VOICE: 4 / Masa Andou

世界中で、地球温暖化だ、やばいぞって、騒がれているけど。

温暖化だっていう説を出している人もいれば、寒冷化だっていう説を出している人もいて。
いろんな学者が自分の研究の結果、こうだ、という仮説を出しているっていうのが、現状なんだよね。

科学っていうのは、いろんな仮説がある状態が普通なわけで、本当は、正しい結論なんてなくて。

どれが正しい、どれが正義か。
それは、政治家やマスコミが決めているだけで、本当の答えなんて、存在してないんですよ。

日々、大自然の中に身を置いている、ひとりの僕の実感として、ってことで言うと。

地球って、めちゃくちゃ壮大で、人間が考えるほど、そんなにデリケートじゃないと思いますね。

例えば、この辺かゆいなと思ったら、かくでしょ、人間。それと同じで。
地球が、ぶるっと身震いしただけで、簡単に、人間なんて、みんな死んじゃうわけで。

生かしてくれてありがとうみたいな気持ちと、自然界の一員としての節度を持ったうえで、地球の素晴らしさを、おもいっきり堪能させてもらえば、それで充分なんじゃないかな。

■REAL VOICE: 4 / Masa Andou

地球や宇宙や大自然の話もいいけど、
やっぱり、目の前の人が喜んでくれること。
それが、ピース。
まさに、そうなんだと思う。

僕は、ずっと、そんな気持ちで、
この仕事をやってる。

もちろん、大自然の絶景を見ても感動するけど、
その絶景を見て、喜んでくれている人たちの横顔
を見ている方が、もしかしたら、感動は大きいか
もしれない。

まず、自分が幸せになろうと思っちゃダメなの。

自分の目の前の人、誰でもいいから、幸せにしようと思うと、それが返ってきて、自分もきっと、幸せになれる。

簡単なことなんだけど、
それはもう、前から分かってるんだけど、
なかなかできないんだよね、ほんと。

■ REAL VOICE: 4 / Masa Andou

僕が、独立するときに、アラスカ旅行業界の父、
チャックが私にアドバイスしてくれた言葉があって。

「Go Slow, Go Steady and Stay Small.
Then You Can Have All the Fun!」
ゆっくり、着実に、小さなままで。
そうすれば、きっと、すべてを楽しめる。

いつまでも、この気持ちを忘れずに、
やっていきたいと思ってますね。

A's EYE

AYUMU'S EYE
BY AYUMU TAKAHASHI

★

MASA ANDOU

About
Masa Andou

大好きな場所に暮らしながら、おもいっきり遊びまくって、面白かったものを、いろんな人にシェアーしていく。
まさに、遊びが仕事っていう王道を歩いている、マサさん。

オレも、実際に、何度か、アラスカで遊びを手配してもらったり、一緒に飲みに行ったりする中で思ったけど、とにかく、アラスカに関する引き出しの数がハンパない！
そりゃ、アラスカの達人に何を言っているの、って思うかもしれないけど、ただ知識があるってことじゃなくて、ひとつひとつ、アラスカのことを話すときのワクワク感がビシビシ伝わってくるんだよ。
ホント、子供たちが好きなゲームの話をする時みたいな、まっすぐな、キラキラなオーラ全開でさ。

好きな場所に暮らしながら、遊びを仕事にしたいっていう人も、多いかもしれないけど、まずは、いろいろ考える前に、その場所で遊びまくることだよね。
その体験から溢れてくる、これ、楽しいよ！ すごいよ！ みたいな空気が、人との出逢いだったり、仕事だったり、自分に必要な、いろんなものを引き寄せていくんだろうなって。マサさんと過ごしていると、いつも、そう思う。

マサさんの言うように、「自分のアラスカ」を感じたい人は、ぜひ、この機会に、マサさんに連絡してみるといいよ。
カヤックで、セスナで、キャンピングカーで・・・。
サーモンも、クジラも、熊も、オーロラも、氷河も・・・。
一生賭けて楽しめる、新しいライフワークが見つかるかもしれないぜ。

INFO

マサ安藤　Masa Andou

Official Profile
1958年愛知県生まれ、関西大学文学部史学科で西洋史を専攻して卒業後、アラスカパシフィック大学修士課程〔人類学・歴史専攻〕修了。
1982年にアラスカ移住。84年よりアラスカの大手パッケージツアー会社に勤務し、96年にアウトドアツアーを中心とした現地手配会社HAIしろくまツアーズ設立。自らもバスを運転し、アラスカ州観光ガイド及び通訳士（日本通訳協会2級）でもある。
アラスカのホテルやツアー会社と強い協力関係を結び、一味違うランドオペレーターを目指す。一般観光の手配だけでなく、サーモン釣り、氷河クライミング、シーカヤックキャンプ、犬ぞりエクスペディション、ハイキングからマッキンリー登山などのアクティビティの手配やテレビや雑誌などのメディア取材のコーディネートも行い、執筆やテレビ・ラジオ出演なども複数経験がある。
長年の旅行業界の経験とアラスカの幅広い知識で、「アラスカの達人」と呼ばれ、アラスカンアドベンチャーのスペシャリストとして、常に新しい発想を持って、様々な角度から「最後のフロンティア」を紹介している。その実績が認められて、2011年にはアラスカ州知事より州知事賞(Governor's North Star Award for International Excellence)を受賞。
他に剣道7段、居合道5段の腕前を持ち、武道を通してアラスカ人に日本の心を紹介し、日本の人々にアラスカの大自然の素晴らしさを知ってもらうことをライフワークとしている。

Official Site
http://www.haishirokuma.com（HAIしろくまツアーズ）

若旦那

ミュージシャン・俳優

REAL VOICE
5

WAKADANNA

REAL VOICE

Player
5
若旦那
WAKADANNA

ミュージシャン・俳優

PLAYERS

Life Story of
WAKADANNA

10代は、不良としてケンカに明け暮れる。
勉強は出来なかったが、絵を描くのがうまく、芸術推薦で、大学に入学。

大学を中退後、すべてをリセットするために、
ひとりも知り合いのいない、湘南で暮らし始める。

★

運営を任されていたレゲエバーに、
夜な夜な集まるミュージシャンたちの影響を受け、自身も歌い始める。

路上でのゲリラライブなどを繰り返しながら、
シャウトし続けているうちに、レコード会社から声が掛かり始める。

★

2003年、「湘南乃風」のメンバーとしてデビュー。
問題児の集まるバンドとして、賛否両論を巻き起こしながら、
ヒット曲を連発。熱狂的なファンを数多く生み出し、
ライブの盛り上がりは、圧倒的。

★

2011年より、ソロ活動をスタート。
現在までに計5枚のアルバムをリリース。
2016年には、「the WAKADANNNA BAND」として、バンド活動を開始。

★

音楽活動以外にも、マンガ『センター ～渋谷不良同盟～』の原作、
雑誌『BARFOUT!』での連載なども担当。
2017年1月からTBS系列にて放送中の金曜ドラマ「下剋上受験」で、
俳優としても、キャリアをスタート。

★

音楽の可能性を思い出させてくれた、ムコ多糖症支援を始め、
ハイチ地震や東日本大震災の支援など、チャリティー活動も、パワフルに展開。
自らの身銭を切って、団体を立ち上げ、
志を共にする多くのアーティストの協力を得ながら、
現在も、本業さながらの本気さで、プロジェクトを進行中。

ひとつひとつにケジメをつけて、一番大事なものだけを握りしめ。どんどん物や価値観を捨てていく決心。本当に大事なものは絶対にそんな簡単に捨てないから、大丈夫だよ。思えば、僕も二十歳の時にいらないリスト作って、数人のダチと音楽と酒しか残らなかった。そして業は、子きなことしかやらな

■REAL VOICE: 5 / WAKADANNA

高校までは、いろいろ悪さもして、それなりにやってきたけど、いざ、社会に出ようとしたときに、結局、俺、なんもできねえじゃん、って思ってさ。

でも、昔の仲間に、落ちぶれた姿も見せたくないし、それで、ゼロから、ダメな人間であり続けられる場所を探して、地元を離れて、海の町に行こうって。

とにかく、全部、捨てたかったの、過去の自分を。そのために、湘南に移ったんだ。

湘南に引っ越して、すぐ、近所の居酒屋に、アルバイトとして入って。
アイデアはいろいろあったから、生意気にも、「ここ、こうやったほうがいいのに」とか、「こんなメニューじゃ売れないっすよ」とか、アルバイトなりにいろいろ言ってたら、たぶん、オーナーも、面倒くさくなっちゃって、「いいよ。任せた。おまえの好きなようにやれよ」ってことになってさ。
そんで、いきなり、居酒屋を、レゲエバーに変えちゃったんだよね。

■REAL VOICE: 5 / WAKADANNA

レゲエバーにしたら、ミュージシャンたちのたまり場になっちゃって、みんな、そこで歌い始めて。

「おまえも、歌ってみなよ」って言われるの。
「歌い方なんか分かんないし、歌の作り方なんかも分かんないよ」って言ってたら、教えてくれて、いろいろと。

歌の世界は、完全に、そこがスタート。
そこでみんなが教えてくれて、歌ってみようかなあっていうところが始まりだね。

湘南に行って、素っ裸になって生きてみたら、一生モノの表現、音楽に出逢えたんだよね。

それと、どうせやるなら、
負けたくねえっていうのが、やっぱ強いからさ。
いつも、気合いだけで、何の根拠もないけど。
スイッチ入っちゃって。

ジャマイカにいた時なんて、近所のバス停で待ってるおばちゃんの前で、「歌うたうから、1000円ちょうだい」とか言って、いきなり歌い出したり。

呼ばれてないのに、いろんなライブに乱入して、バトルを挑んだり、もう、ゲリラだったよね。

■ REAL VOICE: 5 / WAKADANNA

「夢を持ちなさい」とか、大人は言ってるけど、
そんなもん要らねぇよ、って思うね。

夢とか持てば持つほど、
僕はつぶされてったから、その夢に。

僕は、夢を持つことをあきらめたときに、
本物の夢と出逢えたんだ。

夢っていうのは、職業じゃない。
気持ちなんだよ。

僕は、やりたいことを探すっていうよりは、
逆に、要らないものを、全部書き出してた。
そしたら、けっこう、なんにもなくても、
生きていけるんだな、ってわかってさ。

そのときの自分にとって、どうしても削れなかったのが、音楽と、サーフィンと、酒。
これだけはないと、人生つまんないでしょって。

省けるものを、すべて省いていって、自分がシンプルになったときに残ったものが、僕の道になっていったんじゃないかな、と思う。

■REAL VOICE: 5 / WAKADANNA

みんな、それぞれ、特性を持ってるんだから、
その特性を生かせばいいだけなんだよ。

自分の特性を知るには、
自分を、まず、裸な状態にして生きること。

だから、僕は、「夢を持て」じゃなくて、
まずは、今までの人生で、知らぬ間に着てしまっ
ている自分の服を、何枚も、勇気を持って脱ぐこと。
どんどん捨てること。
その大切さを伝えたい。

今までの人生がこうだったとか、周りにどう見られるとか、そういうことじゃなくてさ。

「好き」とか、「熱くなる」とか、自分にしかわからない、そういうシンプルな感情を大切に抱きしめて、自分を磨いていってほしい。

世の中にあわせて、なにかになろうとしないでさ。自分自身の特性を、まっすぐ伸ばすだけでいい。そうすりゃ、みんな、世界で活躍できる器は持ってるんだよ。

■REAL VOICE: 5 / WAKADANNA

学校じゃ、全然勉強しなかったけど、
好きな音楽を始めてからは、勉強してばっかり。

もっともっと、自分たちの音楽を磨いていくために、反省会をしたり、真面目にノートをとったり。

不良やってたあの頃の自分が知ったら、
びっくりするだろうね。

好きなことって、ホント、凄いよな。

好きじゃなきゃ、飛び出せばいい。

でも、好きだったら、歯を食いしばってでも、
その誇りを守ろうぜ。

■REAL VOICE: 5 / WAKADANNA

僕は、こう見えて、根がまじめだから、
いつも、自分と向き合う時間をしっかり作って、
自分のルールというか、哲学を、ひとつひとつ決めながら生きてるね。

こういうときは、こうする、とか、
こういうことは絶対しない、とか。
ノートに書いたりしてさ。

すぐ、他人の影響を受けちゃうし、誉められると舞い上がっちゃうから、フラフラと流されないために、常に、自分を戒めておきたくてさ。

自分のルールのひとつに、
「成長したいんなら、真逆を攻めろ」
っていうのがあってさ。

不良を引退して、いきなり、司法試験受けたり。
英語話せないのに、いきなり、ジャマイカに住んで歌い始めたり。
誰かを演じるなんて嫌いだったのに、いきなり、俳優になってみたり。

そのおかげで、おもいっきり大変な目にあったけど、やっぱ、成長の速度は、かなり上がったと思うよ。
あえて、真逆へいくのも、面白いぜ。

■ REAL VOICE: 5 / WAKADANNA

難民とか、飢餓とか、差別とか、
そんなニュースを見るたびに、辛くなって、
世界平和のために、僕も、なにかしたくて。

でも、政治家には政治家の役割があって、
僕には、僕の役割があって。

僕が、世界平和のためにできることは、「隣の人を大事にしようぜ」って叫び続けることなんだ。

その感覚さえ、ちゃんと、みんなで共有できたら、
戦争は止まるって、真剣に思ってるの。

だから、一生、ひとりでも多くの人に、1日でも多く叫んで、叫んで、叫び続けることが、僕の役割なんだと思って、生きてるよ。

お互いの長所を、おもいっきり尊敬しあって。

誰も見たことのない景色を、一緒に見ようぜ。

About
WAKADANNA

オレは、昔から、湘南乃風の歌が好きで、仲間と一緒に、よく聞いてて。
そしたら、若旦那も、オレの本を読んでくれているってことで、出逢って、飲みに行って、一発でガツンときちゃったんだよね。

若旦那は、あの風貌だけど、マジ、人間に対して、優しいよね。オレは、いつも、そこに感動する。
悩んでいる人や困っている人に対して、口先だけじゃなくて、本気で寄り添っていこうとするし、「オマエも、やれるよ！ 一緒に頑張ろうぜ！」って伝えるときの熱さが、本物なんだよね。

「育てたい相手もいるし、恩返したい相手もいるし、
どうせ好きなことやるんだったら、負けずに勝ち上がって、札束をつかもうぜ！」って、アーティストなのに、カネのことを、はっきり言うところも、気持ちいいよね。

一度、若旦那の歌を、BGMとしてではなく、ヘッドフォンをして、目を閉じて、歌詞を味わいながら、ゆっくり、聴いてみてほしいな。
もちろん、音楽の好みは人それぞれだろうけど、生き方っていう意味で、胸に刺さるフレーズが、いくつもあるんじゃないかな。

これからも、同じ時代を生きる、同年代の仲間として、
一緒に生きていくことを、すごく、楽しみにしてるんだ。

■REAL VOICE：5 / WAKADANNA

INFO

若旦那　WAKADANNA

Official Profile
2003年に湘南乃風のメンバーとしてデビュー。
2011年よりソロ活動をスタートし、現在までに計5枚のアルバムをリリース。2016年にはthe WAKADANNNA BANDとしてバンド活動を開始。
音楽活動以外にも、「別冊ヤングチャンピオン」にて連載中の漫画『センター 〜渋谷不良同盟〜』の原作や雑誌『BARFOUT!』での連載を担当している。
2017年1月からTBS系列にて放送の金曜ドラマ「下剋上受験」に出演。
2017年2月1日にはthe WAKADANNA BAND 1stアルバム「POST」をリリース。

Official Site
http://waka-d.jp/

Works
《BOOK》　命の応援歌（A-Works）
《CD ALBUM》　POST / the WAKADANNA BAND（KSR Corp.）

エクサイル・ウサ
EXILE USA
パワフォーマー

REAL VOICE
PLUS

6

REAL VOICE

Player
6
EXILE ÜSA
エグザイル・ウサ

パフォーマー

PLAYERS

Life Story of
EXILE ÜSA

中学生のとき、「MCハマー」の影響で、踊り始める。

★

高校卒業後は、進学せず、アルバイトをしながら、クラブで踊りまくる日々。
20歳を過ぎた頃、将来への不安を理由に、
一度、ダンスでメシを食うことをあきらめ、レストランに就職。

★

就職した3ヶ月後、先輩のプロデューサーから、バックダンサーとして、
ドリカムの武道館ライブ出演のオファーが舞い込む。
悩んだ末に、レストランを退職。
背水の陣で、ダンスの世界に、再度、飛び込む。

★

それをきっかけに、ダンスの実力を認められ、
「EXILE（エグザイル）」の初代メンバーとしてデビュー。
以降、国民の誰もが知る、ビッググループに成長。

★

2006年より、「DANCE EARTH」をテーマに、ソロ活動も展開中。
日本中・世界中を旅しながら、世界中の人々と共に踊ることで得た
フィーリングを、音楽、書籍、映像、芝居、フェスなど、
様々なスタイルで発表。

インド（バラナシ）のフリースクール、ブラジル（リオ）のスラム、
福島の復興施設などでも、現地の子供たち向けにダンスレッスンを行い、
世界中にダンス仲間を増やし続けている。

★

近年は、「NEO ZIPANG（ネオジパング）」という
日本発信の新しいダンスジャンルを開発し、海外メディアに囲まれる中、
京都清水寺にて、お披露目公演を開催。
また、世界中の誰もが言葉の壁を越えて交流できるように、
という願いを込めて、「ダンス語」と呼ばれる新しいボディラングエッジを
開発するなど、海外向けの活動も多数、進行中。

DANCE
EXILE ÜSA

■REAL VOICE: 6 / EXILE ÚSA

中学生のとき、テレビで、「MCハマー」が踊っている姿を見て、とにかく、カッコイイ！ と思って。
そこで、初めて、ダンスに興味を持ったんです。

これ、やったら、絶対、人気者になれる！
練習して、明日、学校でやってやろう！

家のリビングで見た、テレビの映像、一発。
単純な始まりでしたね。

高校卒業の時期になっても、成績が卒業ギリギリくらいに悪かったから、大学進学は却下されて。就職の資料を調べても、ひとつもなりたい職業が見つからなくって、ブルーになってました。

その頃、ダンス関係の仕事っていっても、ダンスの先生になりたいわけではなかったし、当時、人気のあったダンスグループ「ZOO」に入りたいと考えてもみたけど、どうやったら、ZOOに入れるか全くわからなかったし、そもそも、恥ずかしくて、そんなことを誰にも言えなかったし。

もちろん、将来の不安はあったけど、
「とにかく、踊りで一番になりたい！」
結局、それしか考えてなかったです。

■REAL VOICE: 6 / EXILE ÜSA

ハタチ過ぎても、クラブに通いながら、楽しくやってたんですけど、さすがに、家族や周りの人たちからも、「いつも、ぷらぷらしていて、金もないし、将来、どうするの?」的なプレッシャーを受けていて。

「好きなことはダンスしかないけど、ダンスでメシは食えそうもないし、人生、どうしようかな・・・」ぶっちゃけ、そんな不安が生まれてきてました。

「このままじゃまずい。ダンス以外に、何か見つけないと・・・」って、焦り始めた時代ですね。

その後、自然食レストランで働いたりもして、
仲間も出来たし、すごく楽しかったんですけど。
数ヶ月も経つと、やっぱり、俺には踊りしかない、って気づいて。

お金をどう稼ぐかはわからなかったけど、
なんとしても、ダンスの道で行こう、って。
生まれて初めて、本気で、腹をくくったんですよ。

■REAL VOICE: 6 / EXILE ÜSA

中2から始めた踊りだけが、武器で。
人生はそんなに甘くないとか、無鉄砲だとか、
いろいろ言われたけど。
結局、ダンスに対する情熱だけで、
踊りが好きだ！っていう爆発力だけで、
ここまでやってきた、って感じです。

本当に好きなことに対してなら、
生まれ持っての才能とか関係なく、
誰でも天才になれる。
そう信じてますね。

夢は、持つだけじゃなく、言葉にした途端、
何かが変わり始めると思うんです。

だから、夢は、どんどん、口にした方がいいと思います。話したら笑われそうな夢でも、テレずに。

誰かに話すことで、自分の中でも覚悟が生まれてくるし、手伝ってくれるヤツとか、一緒にやろうよ、っていう仲間とか、現れてきたりするしね。

■REAL VOICE: 6 / EXILE ÜSA

せっかく、この星に生まれたから。
地球上にある、すべてのビートを感じたいし、乗りこなしたい・・・そんな欲求が、心の底から湧いてきて、止められなくなっちゃって。

サーファーが、最高の波を求めて、サーフ・トリップを続けるように、オレも、最高のビートを求めて、世界中を、ビート・トリップし続けてます。

そして、旅をすればするほど、少しでも、ダンスで世界をハッピーに出来たらって、思うようになりました。

海外で、一番、踊りに行っているのは、ジャマイカですね。
ジャマイカには、そもそも、「ダンサー」という概念がない気がするんですよ。
ホテルの掃除のおばちゃんも、警察官も、子どもも、みんながダンサー。ジャマイカには、いつ行っても、どこ行っても、ダンスが溢れているんです。
それぞれのクルマに、完璧なサウンドシステムが積み込まれていて、公園でも、団地でも、丘の上でも、海でも、どこでも、ダンスフロアになっちゃうし。
いつも、島全体がフェス状態で、何度行っても、ワクワクします。

■ REAL VOICE: 6 / EXILE ÜSA

ブータンに行ったとき、「あなたの踊りには、祈りがない」と言われてしまって・・・あれは、ショックでした。

今まで、踊りで、祈ったこともないし、カッコよく踊ろうってことしかなかったので。
めっちゃ悩んで、結果、ホームステイさせてもらっていた家族や村人に喜んでもらおう、という気持ちで踊ったら、「それが祈りだよ」と言われたんです。
踊りの動き自体は、たぶん、ほとんど変わらなかったはずなのに、やっぱり、伝わるもんなんですね。

その時、初めて、誰かのために、心を込めて踊る、その人の笑顔や幸せのために踊るっていうのは、素敵なことだなって、気づかされました。

ちょっと頭がおかしいと思われるかもしれないけど、ここだけの話、本当に調子いいときは、音が見える気がするんですよ。

ビートが、球のように飛んできたり、下の方で波打っていたり、風のように吹いてきたり・・・
俺は、それを弾いたり、よけたり、つかんだり、吹き飛ばされたりしながら、音と遊んでいる感じで。

その瞬間は、夢の中にいるようで、なんでも出来るような、無敵な気分になるんですよ。

いつでも、この感覚になれたら最強なんですけど、今のところ、本当に研ぎ澄まされたときにしか、音は見えてこないですね。
まだまだ、修行が足りないみたいです。

■REAL VOICE: 6 / EXILE ÜSA

いつも、俺の場合、
感覚だけで、動き出しちゃって。

「ピンときた!」
「なんか、呼ばれてる気がする」
「これ、やばそうじゃね?」とか、
いつも、それくらいで、ガッと始めちゃうし。

行けばわかる。やればわかる。踊ればわかる。
ウンチクは、それからでいいでしょ、みたいな。

それでも、いや、それだからこそ、今回の人生、
出逢うべき人やものに、ちゃんと出逢えてきてる
な、って思います。

面倒なの嫌いなんで、ひとつだけ。

「自分の魂に、ウソをつくな」って。

大切な選択をするときは、いつも、
自分に投げかけてます。

■REAL VOICE: 6 / EXILE ÜSA

日本中の祭りをまわっていると、その土地、その
土地の子どもたちと過ごす時間も多くて。

俺、難しい教育論とかは、
よくわからないですけど・・・

人生を楽しむこと。
大好きなことをやり続けること。

それこそ、俺たち大人が、
子どもたちに見せることができる、
最高の教育だと思いましたね。

幸せとか、平和とか、自由とか、
うまく言葉に出来ないけど。

俺、自分の心がジャンプしてる感覚っていうのは、
はっきりと、よくわかってて。
すべての答えは、きっとその中にある！
って、想うんですよ。

楽しいから、好きだからやったことが、
どこかで誰かのハッピーにつながる。
それは、肌で実感してるし、心から信じてます。

そんな気持ちで、これからも踊り続けたいし、
その先にこそ、楽園はあると思います。

A's EYE

AYUMU'S EYE
BY AYUMU TAKAHASHI

★

EXILE ÜSA

About
EXILE ÜSA

ウサとも、かれこれ、10年を超える付き合いで、飲み歩いたり、旅をしたり、本を創ったり、イベントをやったり、相変わらず、よく逢って、いろいろ一緒にやっている仲間なので、こうしてあらためて本にするのは、オレも、少しテレちゃうような感じがあるんだけど。

EXILEっていうイメージもあるだろうし、「ダンスで世界中の人と繋がりたい」なんて言うと、ぶっちゃけ、少し軽く感じる人もいるかもしれないけど、オレは、世界中のリアルな現場で、ウサが、言葉の通じない現地の人たちと一緒に踊りながら、心と心で繋がっていく姿を直に見てきたから、本気で、「ダンスってすげぇ。ウサすげぇ」って思ってて。

そして、日々、スーパーハードなスケジュールをこなしているにも関わらず、「これ、おもしろそう！」って思った時に動き出すスピードっていうか、フットワークの軽さは、ホント、神だね。
何年か前、電話で焼肉の話をしているとき、「それ、やばいっすね！メチャクチャ食べたいんですけど。オレ、今から、行っていいっすか？」って、飛行機に乗って、沖縄まで、日帰りで焼肉を食べに来たことあったし・・・。
普段から、冗談で、「EXILEって、実は暇なの？」とか言っちゃうくらい、楽しいところには、いつもいるっていうテンションが、サイコーでさ。

おもいっきり楽しみながら、世界を平和に。
現在も、一緒に、様々な楽しいプロジェクトを進行中なので、ピンと来た人は、ぜひ、参加してね。

■REAL VOICE:6 / EXILE ÜSA

INFO

エグザイル ウサ　EXILE ÜSA

Official Profile
2001年9月27日、シングル「Your eyes only 〜曖昧なぼくの輪郭〜」でデビュー。
2006年6月、舞台「The面接」にて役者活動を開始、劇団EXILE「太陽に灼かれて」、「北の国から」の杉田成道氏 演出・芥川賞作家 唐十郎氏作品 舞台「蛇姫様-わが心の奈蛇-」主演、山田洋次監督映画「京都太秦物語」出演など役者として活動。
また、「ダンスは世界共通言語」をテーマに2006年よりDANCE EARTHの活動を開始し、これまでに約20カ国の世界各国の踊りを直に体感、そこで得た経験を基に書籍、絵本、舞台、映像作品の制作など様々な形で自身の想いを発表している。
2013年からは更に「DANCE EARTH JAPAN」と題し、日本全国の祭りに参加し日本の踊りを巡る旅を開始。
2013年よりNHK Eテレ「Eダンスアカデミー」に主任講師として出演。
2015年EXILE TETSUYA、Dream Shizukaを正式メンバーとして「DANCE EARTH PARTY」本格始動させ3人による新たな音楽の旅をスタート。
同年12月31日、EXILEパフォーマーを卒業。
株式会社dance earth代表取締役CEOとして、今後はDANCE EARTHというエンタテインメント・プロジェクトを通じてダンスの素晴らしさを伝える様々な可能性に挑戦していく。

Official Site
http://www.dance-earth.com（DANCE EARTH）

Works
《BOOK》DANCE EARTH（A-Works）
《DVD》日本で踊ろう! DANCE EARTH JAPAN（株式会社LDH、株式会社文化工房）
《CD ALBUM+DVD》 Ⅰ / DANCE EARTH PARTY（rhythm zone）

森永博志

編集者・作家・藍染め職人

HIROSHI MORINAGA

REAL VOICE
PLAYER
7

# REAL VOICE

Player
7

森永博志
Hiroshi Morinaga

編集者・作家・藍染め職人

PLAYERS

Life Story of
Hiroshi Morinaga

1950年生まれ。
高校生の頃、ローリング・ストーンズを聴き、家を出る。
住み込みの新聞配達、アルバイトなどを転々としながら、
ヒッチハイクの旅を続ける。

★

各地の路上で出逢った、気のあう人々と共に、
音楽、イベント、本、雑誌、映画などを創り始める。
有名ミュージシャンから、ホームレスまで、
様々なアーティストとコラボしながら、強烈な作品を世に放つ。

★

まったく新しいスタイルの音楽雑誌、文芸誌、
ストリート・マガジンを創刊し編集長をつとめる。
その一方で、いまもつづけているが、FMのパーソナリティとしても活動。
ロック・クラブでのマンスリーパーティーも15年つづけている。

★

作家としての作品も、多数出版。
良くも悪くも、多くの若者の人生を狂わせた本として、
熱狂的なファンも多い。
代表的な著書は、『原宿ゴールドラッシュ』『ドロップアウトのえらいひと』
『アイランド・トリップ・ノート』など。

★

近年は、パンクな藍染め職人として、
自宅のベランダで染めた藍染め作品を発表し、話題に。

自由奔放、神出鬼没、百花繚乱なアーティストであり、
今、どこで、なにをしているかは、誰もわからない。

最近、66歳を迎え、出版された自伝のタイトルは、
『 あの路地をうろついているときに夢見たことは、ほぼ叶えている 』。

■REAL VOICE: 7 / Hiroshi Morinaga

ある日、高校3年の冬だったかな。
行きつけの店のジュークボックスで聴いた、
ローリング・ストーンズの『Paint It, Black』。

その1曲で、もう、俺、完全に目覚めちゃったよ。
「俺も学校なんて行ってる場合じゃない」って、
翌朝、親が寝ている所へ行って、「お世話になりました」って言って、家を出たよ。

準備も何もないから、そのとき100円しかないわけよ、ポケットに。計画してないから。

100円で行けたところが高円寺なの。
高円寺に着いたら一銭もないの。

どうしようかと思ったらごみ箱が目に入って、
おっと思って新聞を拾って、ぱっと開けたら、
求人広告欄でさ。
『高円寺、朝日新聞、配達員募集』。
やったー！　と思って行ったら、すぐOK。
いきなり、住み込みの新聞配達。

住むとこOKじゃん。ご飯もOKじゃん。
もう、何の問題もないの。

■REAL VOICE: 7 / Hiroshi Morinaga

なりたいものなんて、何もないわけよ、今でも。
職業的に、「○○になりたい」とか、ないわけ。
何かになろうとすると、絶対、落とし穴がある。

音楽が好きだから、音楽をずっと聴いていられる
人生を送りたいだけ。

あと、俺、字を書くのが好きだから、
ずっと、なんか、いろいろ書いていたいだけ。

俺、文章を書くのって、
好きだけど、苦手なんだよね、いまだに。
相当、書いてんだけどね。

苦手なんだけど、好きだったわけよ。
そこだけだよ。

苦手でも、好きだったら克服しようとするじゃん。
克服したときに喜びがあるしね。

22〜23歳になっても、プータローで、
特に、なにも、やりたいことなかったんだよな。

ただ、何かそういう、スーツ着て会社に行ってミーティングする、みたいな仕事は嫌だなっていうくらいでさ。

ロック聴きながら、なにか面白いと思うことを、
いい感じのペースでやれりゃ、OKみたいな。

人生設計が、そういうテンションなわけ。
ぜんぜん上昇思考じゃなく、下降思考？

ある人との出逢いがきっかけで、初めて、雑誌編集の仕事をするんだけど、何も知らないわけだよ、編集なんて。経験ゼロなんだからさ。

でも、何も知らなくても、
「できる」って言っちゃうの。
絶対、できないとは言わない。
いつも、そう。
まずは、「できる」って言っちゃう。

で、始まったら、何も知らない現実が待っていて、いろいろ慌てるんだけど、結局、なんでも、必死に、やりながら覚えていっちゃう。

学歴とか、キャリアとか、マジ、関係ない。

今、ホームレスだろうが、無職だろうが、旅人だろうが、ひきこもりだろうが、なんでもいい。

自分の感覚で、いろいろ面白いことやって、
話さえ面白けりゃ、未来は明るいんだよ。

結局、人って、何やったか。どう想ったか。
それだけじゃん。

そのとき会って、話して面白けりゃ、仕事のチャンスなんて、けっこう、そこら中にあるんだなっていうのを知ったのは、20代後半かな。

若いときって、失敗しても大丈夫じゃん。
何やっても、別に、人生終わるわけじゃないし。
この時代、ビジネスをやったほうがいいと思うね。

ドロップアウトして、起業するのは、
俺、すごくいいと思う。
バンバンすべきだと思う。

ドロップアウトっていうのは、
やめる、っていう意味じゃなくて、
始まる、っていう意味だしね。

人生を楽しく生きるっていう意味で見れば、
成功する確率、高いもん、実は。
企業の中にいて、嫌な仕事をしているよりも、
楽しく生きられる確率、よっぽど高いんじゃない？

■REAL VOICE: 7 / Hiroshi Morinaga

HOW TO SUCCESS 〜 こうすれば成功する、幸せになれるっていう情報、いろいろあるけど…あれ、ダメ。

成功の仕方っていうのは、人それぞれ、その人限定仕様なわけだから。
その人だけで、他の人には、通用しないから。

必ず、すべての人に、
その人なりの成功の仕方がある。
必ず1個は、あるから。

世の中とか、誰かが決めた成功なんて全シカトで、
自分勝手に、胸張って生きりゃいいんだよ。

自分の好きなことなんて、
なかなか分かんないよな、若いときは。

なんだか、よくわかんないまま、あれこれ経験していく中で、見えてくるもんでしょ。

俺、66歳になって初めて、自分が藍染めが好き、って知ったし。
で、藍染めで、パンクやっちゃおう、みたいな。
好きなものをあわせて、パンクな藍染めにしようって。

■REAL VOICE: 7 / Hiroshi Morinaga

盛り上がっている気持ちだけで、突っ走っちゃう。

それが重要なの。

いろいろ計算して、なんか違うけどしょうがないな、金になるしな、とかやっているうちに、
なんだか、エネルギーが落ちていって、しょぼくなっちゃうんだよ。

盛り上がったら、その場でアイデアが出てきてね。
興奮しながらね、話しながら、まとめてるっていう。

ただ、どうであれ、もう、やるのは決まってるの。
やるために準備は要らないの。

たぶん、なにかひらめいたときには、
もう、すべて、それは、できることなの。

■REAL VOICE: 7 / Hiroshi Morinaga

欲望のままに、次から次へといろんなことやって、
飽きたらやめて。
効率みたいな意味でいえば、無駄っていえば無駄
ばっかりだよね。すべてが。
でも、それが良かったのかな。

常に、次から次へと、新しいことやるから、
自分でも、なにが成功して、なにが失敗している
んだか、よくわからないんだよ。
でも、それが良かったのかな。

世の中が、とか、社会が、とか言っても、
ぼんやりしてて、なんだかよくわかんないし。

最初から、世のためとか、弱者がとか、
難しいこと、あれこれ言うんじゃなく。

まずは、自分たちが、
おもいっきり楽しめること。

そこからでしょ。

■ REAL VOICE: 7 / Hiroshi Morinaga

みんなが見ているようなものをやったって、
失敗するっていう話よ。
これやったら当たる、なんていうのは、
絶対に当たらない。

自分の感覚だけを頼りに、
みんなが見てない「鼻先」を狙うんだよ。

これ、ヒッチハイクで乗せてくれた、サワラ漁の
漁師のおじさんが教えてくれたんだけどさ。

About
Hiroshi Morinaga

この本に登場する人は、みんなそうだけど、特に、森永さんは、遊びと仕事の境目っていうものを、まったく感じさせない人だね。
本、雑誌、絵、音楽、映画、BAR、ライブハウスなど、その時に創りたいものを、ワクワクしながら創り続けていたら、知らぬ間に60歳超えちゃってた！って感じでさ。

本人は、「これからは、ビジネスでしょ」なんて、半分冗談で言っているけど、その仕事の内容を聞くと、遊び心満載で、いや、遊び心しかないような内容なんだもん。

いつも、森永さんに逢って、「最近、何にハマってます？」って聞くと、「いや〜、最近、これ、面白くてさ…」って、ロックで、パンクで、スイートで、ロマンチックで、シュールな話が無限に広がっていって、本当に楽しくて。

森永さんのフィルターを通すと、おおげさじゃなく、ホームレスのおじさんもスーパースターに見えてくるし、宝石なんて、そこら中に転がっていて、地球って宝箱じゃん、って、マジ、思っちゃうから、不思議。

森永さんの書いた本には、いまだに、オレも、強烈な影響を受けているけど、大人がマジで遊べば、それが仕事になる！っていうテーマで言えば、やっぱり、「ドロップアウトのえらいひと」かな。
これは、もう、必読。
この本をブックオフに売ってでも、読んだ方がいいよ。

これを機に、美しくも、危ない世界、森永ワールドへ。
ぜひ、じっくり、ハマってみて欲しい。

INFO

森永博志　Hiroshi Morinaga

Official Profile
1950年生まれ、エディター&作家。
音楽雑誌、文芸誌、ストリート・マガジン編集長。創刊当時の『POPEYE』『BRUTUS』『日本版エスクァイア』で特集記事を担当していた編集者としても知られる。
編集者としての代表作は、松方弘樹『きつい一発』、荒俣宏『帝都物語』、井上陽水『綺麗ごと』、スネークマンショー・カセットブック『南海の秘宝』、布袋寅泰CDブック『よい夢を、おやすみ。』、『PATAGONIA PRESENTS』、『DOQROマガジン』など。
代表的な著書は『原宿ゴールドラッシュ』『ドロップアウトのえらいひと』『アイランド・トリップ・ノート』『あの路地をうろついているときに夢見たことは、ほぼ叶えている』など多数。

Official Site
http://morinaga-hiroshi.com

Works
■ドロップアウトのえらいひと（東京書籍）
■アイランド・トリップ・ノート（A-Works）
■あの路地をうろついているときに夢見たことは、ほぼ叶えている（PARCO出版）

SEVEN SOULS

FOR CHANGING PLAY INTO WORK

遊びを仕事にするための7ヶ条

SEVEN SOULS
for CHANGING PLAY INTO WORK

ここまでに紹介させてもらった7人はもちろんのこと、
オレの周りには、遊びを仕事にしている人、好きなことで
メシを食っている人が、いっぱいいる。

すべての人が、自分流のスタイルで生きているし、スピ
リッツもそれぞれ違うけど、やっぱり、いくつかの共通点
があると思う。

遊びを仕事にして、楽しく生きている人たちの共通点。
それをベースにして、オレなりの体験も踏まえながら、
大切だな、と思うポイントを、7つにまとめてみた。

好きな音楽を聴きながらでも、ゆっくり、どうぞ。

遊びを仕事に
するための
7条
FOR CHANGING PLAY INTO WORK

第 1 条

人生の決断は、頭ではなく、ハートで。

「好きだから」「楽しいから」「やりたいから」
「かっこいいから」「素敵だから」「ピンときたから」
「ワクワクしたから」
「感動しちゃって」「涙が出てきて」「脳みそパーク！」
言い方は、人それぞれだけど、
好きなことでメシを食っている人たちが、
人生の重要な決断をするときに、何を基準にしているか。
それは、シンプルでしょ。

周りからいろいろ言われたとしても、
うまくいくかどうか不安だったとしても、
自分が楽しそう、面白そう、これだ！って感じたことを、
自分なりに、一生懸命やってきただけ。
自分の心の叫びに従っただけ。

道を選ぶときに、難しい理由なんて、いらないんだ。

★★★★★★★

"BELIEVE YOUR トリハダ"
自分の感覚を信じないで、何を信じるんだよ。

遊びを仕事にするための7条
FOR CHANGING PLAY INTO WORK

第2条

違うと思ったら、ゼロスタート！

「ゼロから始めたかった」
「やり直そうと思った」
「とりあえず、飛び出しちゃって」
そんな感じで、家出だったり、
引っ越しだったり、退職だったり、
カタチはいろいろあれど、これは違うな、と思ったら、
ゼロに戻して、再スタートすればいい。

地球は広い。人生は短い。
足踏みしてても、靴の底は減る。
なんか違うなって思うことを、やってる暇ないでしょ。

年相応とか、世間体とか、評判とか、悪口とか、心配とか、
そんなものは、豪快に笑い飛ばしながら、
本当に大切なものをだけを、ギュッと抱きしめて。
明るく、元気に、新しい物語を始めよう。

★ ★ ★ ★ ★ ★ ★

"STARTING OVER"
生まれ変わるなら、生きてるうちに。

遊びを仕事に
するための
7ヶ条
FOR CHANGING PLAY INTO WORK

第3条

覚悟を決めて、宣言しちゃえ。

「人生で初めて、腹をくくりましたね」
「この道でいくぞって、覚悟を決めたんで」
「もう、こうなったら、開き直るしかねぇって思って」
やれたらいいな、やるだけやってみます・・・ではなく、
「マジで、やるぞ！」って決めて、宣言しちゃうこと。
やっぱり、それが、ミソだと思う。

最初は、
「バカじゃん、無理だよ」
っていう人もいるかもしれないけど、
めげずに行動を続けていけば、
「へぇ、この人、口だけじゃなくて、本気でやるつもりなんだ」
っていう空気が広がってきて、
役立つ情報を教えてくれたり、
人を紹介してくれたり、
応援してくれる人も出てくるし、
一緒にやろう！っていう仲間も現れてくるよ。

★ ★ ★ ★ ★ ★ ★

SAY "YES"！
必要なのは、勇気ではなく、覚悟。
決めてしまえば、すべては動き始める。

遊びを仕事にするための7条
FOR CHANGING PLAY INTO WORK

第4条

いらない服を脱げ。常に、ヌードで。

「ぶっちゃけて言えば」「シンプルに言うと」
「本音で語り合えるから」「裸の自分で」
「オープンマインドで」
このへんも、大切なキーワードだね。
自分の心から溢れる想いを、まっすぐに言葉にしたり、
行動に移すからこそ、人に伝わるんだと思う。
まわりの反応を気にして、変に飾ったり、演じたりしても、
どうせ、いつか、バレるんだし、結局、何も伝わらない。

あと、自分を偽って生きていると、
だんだんと、自分で自分のこと、わからなくなっちゃうんだよ。
あれ？　自分は、本当は何を欲していたんだっけ？
自分にとって大切なものって、なんだっけ？って。

まずは、どうしても必要なもの以外、すべて捨てちゃえ。
可能な限り、自分を、人生を、シンプルに整理してさ。
それでも残ったものが、今の自分だ。

★ ★ ★ ★ ★ ★ ★

"BACK TO ROOTS"
裸になって、自分に帰ろう。

遊びを仕事にするための7ヶ条
FOR CHANGING PLAY INTO WORK

第5条

マゾであれ。成長フェチであれ。

「いつも挑戦していたくて」
「俺なんて、まだ修行中なんで」
「新しい自分に出逢いたくて」
結果を出している人ほど、さらなる成長を求めて、
現在進行形で、チャレンジを続けている。

これから、自分の好きなことを仕事にしようっていう人は、
もちろん、チャレンジあるのみでしょ。
「いろいろ大変そうだけど・・・楽しそう！ 成長できそう！」
っていう世界に、どんどん飛び込んでさ。

必要な知識、技術を身につけ、心を磨きながら、
自分という人間が成長していけば、自然に結果はついてくる。
現状を守ることなく、誰かと比べることなく、
自分なりのベストライフを求めて、光速で成長していこう。

★ ★ ★ ★ ★ ★ ★

"KEEP ON ROCKIN'!"
そんな年で、小さくまとまってんじゃねぇよ。

遊びを仕事にするための7ヶ条
FOR CHANGING PLAY INTO WORK

第6条

ちっちゃなことで、クヨクヨすんな。人生トータルで勝負。

「いつかは、これも、笑い話のネタになるでしょ、って、
自分を励ましてたよ」
「あの時は地獄だったけど・・・あの時代があるから、
今の自分があるしね」
過去も現在も未来も含めて、人生は、ひとつの物語。

もし、今、うまくいかないことばかりで、
めちゃくちゃ苦しい時期だったとしても、
ノープロブレム。全然大丈夫。
人生っていうのは、ここ1年、3年とかで決まるわけじゃなく、
生まれてから死ぬまで、すべてのことなんだ。

辛いことも、楽しいことも、夢も、絶望も、逃避も、
素敵な出逢いも、悲しい裏切りも、消えない痛みも、
本気のガッツポーズも、溢れてきちゃった涙も・・・
なにもかも全部ひっくるめて、
「いい人生だったな」って、思えるように。

★ ★ ★ ★ ★ ★ ★

"LIFE IS ART"
死ぬときに、自分という作品に感動したいだけ。

遊びを仕事にするための7ヶ条
FOR CHANGING PLAY INTO WORK

第7条

目の前の人へ。最強のLOVEを。

「あの人との出逢いがきっかけで」
「あの人が応援してくれたから」
「あの人が喜んでくれることが、僕の幸せになっていて」
遊びを仕事に、好きを仕事に、自由が、幸せが、平和が・・・
いろいろ言っても、すべての根本は、
やっぱり、
人との関係なんだよね。

愛されることを願ってばかりで、
愛することを忘れていないか？
オレも、いつも、自分に、そう問いかけてるよ。

まずは、目の前にいる人のために、
自分が出来ることを、精一杯やることから始めよう。
きっと、すべては、そこから始まる。

★ ★ ★ ★ ★ ★ ★

ONE LOVE, ONE WORLD
目の前のひとりを愛せない奴に、
日本も地球も愛せるわけがない。

Epilogue

この本を創りながら、思ったんだけど、
やっぱり、人生はシンプルだな。

直接も、間接も含めて。
今まで出逢ったすべての人の影響を受けて、
今の自分がいる。今の人生がある。

だからこそ、残りの人生も、出逢いによって変わっていくだろうし、それを楽しみにしながら、今を、MAXで生きていこうって、思った。

「ルールはないが、ヒントはある。」
あらゆる人から、素敵なヒントをいっぱいもらいながら、
自分の選んだ道を、胸を張って、歩いて行こう。

いつも、新しい出逢いに、乾杯しながら、
自分の心の声に正直に、
お互い、ガンガン成長していこう。

たかが、本。されど、本。
この紙の束が、あなたの幸せな人生に、
少しでも役に立ちますように。
BIG LOVEを込めて。

高橋歩　　2017.2.22 at kona, Big Island.

本書『大人がマジで遊べば、それが仕事になる。』の世界観が
ライブでリアルに体験できる

常識をサクッと破壊して、自由な脳みそを手に入れたい人へ。
リアルに、好きなことで、メシを食っていきたい人へ。
地球に溢れる、おいしい、楽しい、気持ちいいを、味わい尽くしたい人へ。

地球を遊び、人生に革命を起こす大学
PLAY EARTH COLLEGE
プレイアース・カレッジ

本書『大人がマジで遊べば、それが仕事になる。』は、
プレイアース・カレッジの講義内容が色濃く反映されています。
この世界観、空気感に直接リアルに触れたい方は、ぜひ！

自由人・高橋歩が学長を務め、
毎月、得意分野を持ったキャラクターの濃い教授陣に加えて、
地球を遊ぶ達人、奇人変人、アウトローたちをゲスト講師に招き、
東京某所にて、秘密の講義が開かれます。
人生が変わっちゃうような、濃厚な時間を、
ぜひ、味わってみてください。

月に一度の秘密講義に加えて、
年に2回、国内・海外での冒険合宿があったり、
オリジナルブックを出版したり、
自由参加のサークルや部活があったり、
毎月1冊、
世界で遊ぶためのオススメ本が全員に無料プレゼントされたり、
世界中の秘密のアジトが利用できたり、
ハプニング&ゲリライベントがあったり…
楽しい&お得な特典もいっぱいのプレイアース・カレッジ。

ぜひ、地球で遊び、人生を遊ぶ仲間に加わってみませんか？

【入学案内・お申し込みはこちら】
https://playearthcollege.jp/

CONTENTS【内容&生徒特典】

1: SECRET SESSION【秘密の講義】

月に一度、ゲスト講師に招き、東京某所にて、メンバー限定の秘密講義を開催します。
※オンラインコースの方は、後日、講義を映像にてオンライン視聴することができます。

<ゲスト講師例>
油井昌由樹(夕日評論家・俳優・演出家)、**ロバート・ハリス**(作家・旅人・DJ)、**森永博志**(作家・エディター)、**マサ安藤**(アラスカンアドベンチャーのスペシャリスト)、**桐島ローランド**(写真家・映像作家・クリエイター)、**小林崇**(ツリーハウス・クリエーター)、**若旦那**(ミュージシャン)、**グ・スーヨン**(映画監督・小説家・CMディレクター・作詞家)、**山崎拓巳**(アーティスト・夢実現プロデューサー)、**中島デコ**(マクロビオティック料理家)、**エバレット・ブラウン**(湿板光画家・ブラウンズフィールド代表)、**大田由香梨**(Lifestylist)、**石川仁**(探検家・葦船航海士・葦船職人)、**水野美紀**(女優)....and more

2: ADVENTURE CAMP【冒険合宿】

「地球が僕らの遊び場だ!」をテーマに、学長・高橋歩&教授陣たちと一緒に行く冒険合宿が、年2回(国内編・海外編)、開催されます。

<旅先例>
★ハワイ島:「ネイチャー&アドベンチャー合宿」
★沖縄:「ディープ沖縄&自給自足体験合宿」
★アメリカ:「キャンピングカーで行く!皆既日食&バーニングマン」
★サハラ砂漠:「死んだらごめん!リアル遊牧民合宿」
★京都:「究極の和の世界・インプット合宿」....and more

3: CIRCLE【部活・サークル】

大学ということで、サークル・部活もいろいろ始まります。
ハワイ島に暮らす高橋歩が部長となり、ハワイLOVEのみんなで、楽しい&怪しい情報交換からイベントやツアーの企画まで、気軽にテキトーに楽しむサークルなど、すべてに自由に参加できます!

4: MESSAGE & COLUMN 【オンラインメッセージ&コラム】

学長・高橋歩＋教授陣が、ここでしか読めない、メッセージやコラムを、連載・投稿します。またQ&Aコーナーでは、個人的な質問&人生相談ができます。

5: PRESENT 【毎月1冊、世界で遊ぶための教科書をプレゼント】

毎月1冊、学長・高橋歩が独断と偏見で選んだ「世界で遊ぶための教科書」（1500円相当の書籍）が、もれなく全員に、無料プレゼントされます。

6: BOOK 【オリジナルブックの出版】

この大学に集う仲間たちで、毎年、オリジナルブックを制作します。学長・高橋歩＆出版チームのプロたちと一緒に、本の制作を学んだり、自分の作品をPRしたり、可能性は無限。完成時にはプレゼントします。

7: BOHEMIAN AJITO 【秘密のアジト】

紹介制となっている秘密のレストランバー『ボヘミアン西麻布』『ボヘミアンNY』および『ボヘミアンバリ』（プライベートプール付きのヴィラ）を予約利用することができます。さらに、世界中に展開するアジト「BOHEMIAN AJITO」を割引で利用できる、メンバー特別プランもご用意します。

8: HAPPENING!? 【ハプニング&ゲリライベント・プレゼント！】

「今晩20時から西麻布で飲み会やるよ。10人まで参加OK!」など、ハプニング＆ゲリラプレゼント投稿を予定。先着順・人数限定プレゼントだったりするので、お見逃しなく！

▶https://playearthcollege.jp/

大人がマジで遊べば、それが仕事になる。

2017年3月25日 初版発行

編　著　高橋歩

装丁・本文デザイン　高橋実
編集・制作　滝本洋平

発行者　高橋歩

発行・発売　株式会社A-Works
〒151-0051東京都渋谷区千駄ヶ谷2-38-1 ARCAビル2階
URL : http://www.a-works.gr.jp/　E-MAIL : info@a-works.gr.jp

営業　株式会社サンクチュアリ・パブリッシング
〒151-0051 東京都渋谷区千駄ヶ谷2-38-1
TEL : 03-5775-5192　FAX : 03-5775-5193

印刷・製本　株式会社光邦

PRINTED IN JAPAN
本書の内容を無断で複写・複製・転載・データ配信することを禁じます。
乱丁、落丁本は送料小社負担にてお取り替えいたします。

ISBN 978-4-902256-77-2　©AYUMU TAKAHASHI 2017

高橋歩　Ayumu Takahashi

1972年東京生まれ。自由人。
20歳の時、映画「カクテル」に憧れ、大学を中退し、仲間とアメリカンバー「ROCKWELL'S」を開店。2年間で4店舗に広がる。23歳の時、すべての店を仲間に譲り、プータローに。自伝を出すために、出版社「サンクチュアリ出版」を設立。自伝『毎日が冒険』をはじめ、数々のベストセラーを世に送り出す。26歳の時、愛する彼女・さやかと結婚。出版社を仲間に譲り、すべての肩書きをリセットし、再びプータローに。結婚式3日後から、妻とふたりで世界一周の旅へ。約2年間で、南極から北極まで世界数十ヶ国を放浪の末、帰国。2001年、沖縄へ移住。音楽と冒険とアートの溢れる自給自足のネイチャービレッジ「ビーチロックビレッジ」を創り上げる。同時に、作家活動を続けながら、東京、ニューヨークにて、自らの出版社を設立したり、東京、福島、ニューヨーク、バリ島、インド、ジャマイカで、レストランバー&ゲストハウスを開店したり、インド、ジャマイカで、現地の貧しい子供たちのためのフリースクールを開校するなど、世界中で、ジャンルにとらわれない活動を展開。2008年、結婚10周年を記念し、家族4人でキャンピングカーに乗り、世界一周の旅に出発。2011年、東日本大震災を受けて、旅を一時中断。宮城県石巻市に入り、ボランティアビレッジを立ち上げ、2万人以上の人々を受け入れながら、復興支援活動を展開。現在も、石巻市・福島市を中心に、様々なプロジェクトを進行中。2013年、約4年間に渡る家族での世界一周の旅を終え、ハワイ・ビッグアイランドへ拠点を移す。現在、著作の累計部数は200万部を超え、英語圏諸国、韓国、台湾など、海外でも広く出版されている。

[official web site] www.ayumu.ch